TRANZLATY

La Langue est pour tout le Monde

A nyelv mindenkié

La Belle et la Bête

A Szépség és a Szörnyeteg

Gabrielle-Suzanne Barbot de Villeneuve

Français / Magyar

Copyright © 2025 Tranzlaty
All rights reserved
Published by Tranzlaty
ISBN: 978-1-80572-047-8
Original text by Gabrielle-Suzanne Barbot de Villeneuve
La Belle et la Bête
First published in French in 1740
Taken from The Blue Fairy Book (Andrew Lang)
Illustration by Walter Crane
www.tranzlaty.com

Il était une fois un riche marchand
Volt egyszer egy gazdag kereskedő
ce riche marchand avait six enfants
ennek a gazdag kereskedőnek hat gyermeke volt
il avait trois fils et trois filles
három fia és három lánya volt
il n'a épargné aucun coût pour leur éducation
nem kímélte az oktatásukat
parce qu'il était un homme sensé
mert értelmes ember volt
mais il a donné à ses enfants de nombreux serviteurs
de sok szolgát adott gyermekeinek
ses filles étaient extrêmement jolies
a lányai rendkívül csinosak voltak
et sa plus jeune fille était particulièrement jolie
a legkisebb lánya pedig különösen csinos volt
Déjà enfant, sa beauté était admirée
gyermekkorában már csodálták a szépségét
et les gens l'appelaient à cause de sa beauté
és az emberek szépsége miatt szólították
sa beauté ne s'est pas estompée avec l'âge
szépsége nem halványult el, ahogy öregedett
alors les gens ont continué à l'appeler par sa beauté
így az emberek folyton szépsége miatt hívták
cela a rendu ses sœurs très jalouses
ez nagyon féltékennyé tette a nővéreit
les deux filles aînées avaient beaucoup de fierté
a két legidősebb lánya nagyon büszke volt
leur richesse était la source de leur fierté
gazdagságuk volt büszkeségük forrása
et ils n'ont pas caché leur fierté non plus
és ők sem titkolták büszkeségüket
ils n'ont pas rendu visite aux filles d'autres marchands
nem látogatták meg más kereskedők lányait
parce qu'ils ne rencontrent que l'aristocratie
mert csak az arisztokráciával találkoznak

ils sortaient tous les jours pour faire la fête
minden nap kimentek bulizni
bals, pièces de théâtre, concerts, etc.
bálok, színdarabok, koncertek és így tovább
et ils se moquèrent de leur plus jeune sœur
és kinevettek a legkisebb húgukon
parce qu'elle passait la plupart de son temps à lire
mert ideje nagy részét olvasással töltötte
il était bien connu qu'ils étaient riches
köztudott volt, hogy gazdagok
alors plusieurs marchands éminents ont demandé leur main
így több jeles kereskedő megkérte a kezét
mais ils ont dit qu'ils n'allaient pas se marier
de azt mondták, hogy nem házasodnak össze
mais ils étaient prêts à faire quelques exceptions
de készek voltak néhány kivételt tenni
« Peut-être que je pourrais épouser un duc »
„talán feleségül vehetnék egy herceget"
« Je suppose que je pourrais épouser un comte »
„Azt hiszem, feleségül tudnék venni egy grófot"
Belle a remercié très civilement ceux qui lui ont proposé
szépség nagyon polgáriasan megköszönte azoknak, akik felajánlották neki
elle leur a dit qu'elle était encore trop jeune pour se marier
azt mondta nekik, hogy még túl fiatal ahhoz, hogy férjhez menjen
elle voulait rester quelques années de plus avec son père
szeretett volna még néhány évet az apjával maradni
Tout d'un coup, le marchand a perdu sa fortune
A kereskedő egyszerre elvesztette a vagyonát
il a tout perdu sauf une petite maison de campagne
egy kis vidéki házon kívül mindent elveszített
et il dit à ses enfants, les larmes aux yeux :
és könnyes szemmel mondta gyermekeinek:
« il faut aller à la campagne »
"vidékre kell mennünk"

« et nous devons travailler pour gagner notre vie »
"és dolgoznunk kell a megélhetésünkért"
les deux filles aînées ne voulaient pas quitter la ville
a két legidősebb lány nem akarta elhagyni a várost
ils avaient plusieurs amants dans la ville
több szeretőjük volt a városban
et ils étaient sûrs que l'un de leurs amants les épouserait
és biztosak voltak benne, hogy valamelyik szeretőjük feleségül veszi őket
ils pensaient que leurs amants les épouseraient même sans fortune
azt hitték, szeretőik vagyon nélkül is feleségül veszik őket
mais les bonnes dames se sont trompées
de a jó hölgyek tévedtek
leurs amants les ont abandonnés très vite
szeretőik nagyon gyorsan elhagyták őket
parce qu'ils n'avaient plus de fortune
mert nem volt többé vagyonuk
cela a montré qu'ils n'étaient pas vraiment appréciés
ez azt mutatta, hogy valójában nem kedvelték őket
tout le monde a dit qu'ils ne méritaient pas d'être plaints
mindenki azt mondta, hogy nem érdemli meg, hogy sajnálják őket
« Nous sommes heureux de voir leur fierté humiliée »
"Örülünk, hogy büszkeségüket alázatosan látjuk"
« Qu'ils soient fiers de traire les vaches »
"legyenek büszkék a fejő tehenekre"
mais ils étaient préoccupés par Belle
de a szépségért aggódtak
elle était une créature si douce
olyan édes teremtés volt
elle parlait si gentiment aux pauvres
olyan kedvesen beszélt szegény emberekkel
et elle était d'une nature si innocente
és olyan ártatlan természetű volt
Plusieurs messieurs l'auraient épousée

Több úr is feleségül vette volna
ils l'auraient épousée même si elle était pauvre
feleségül vették volna, bár szegény volt
mais elle leur a dit qu'elle ne pouvait pas les épouser
de azt mondta nekik, hogy nem veheti feleségül őket
parce qu'elle ne voulait pas quitter son père
mert nem hagyná el az apját
elle était déterminée à l'accompagner à la campagne
elhatározta, hogy elmegy vele vidékre
afin qu'elle puisse le réconforter et l'aider
hogy megvigasztalhassa és segítse
pauvre Belle était très affligée au début
Szegény szépség eleinte nagyon elszomorodott
elle était attristée par la perte de sa fortune
gyászolta vagyona elvesztése
"Mais pleurer ne changera pas mon destin"
"de a sírás nem változtatja meg a szerencsémet"
« Je dois essayer de me rendre heureux sans richesse »
"Meg kell próbálnom gazdagság nélkül boldoggá tenni magam"
ils sont venus dans leur maison de campagne
vidéki házukba jöttek
et le marchand et ses trois fils s'appliquèrent à l'agriculture
a kereskedő és három fia pedig állattenyésztésre jelentkezett
Belle s'est levée à quatre heures du matin
szépség hajnali négykor felkelt
et elle s'est dépêchée de nettoyer la maison
és sietett kitakarítani a házat
et elle s'est assurée que le dîner était prêt
és gondoskodott róla, hogy elkészüljön a vacsora
au début, elle a trouvé sa nouvelle vie très difficile
kezdetben nagyon nehéznek találta új életét
parce qu'elle n'était pas habituée à un tel travail
mert nem volt hozzászokva az ilyen munkához
mais en moins de deux mois elle est devenue plus forte
de alig két hónap alatt megerősödött

et elle était en meilleure santé que jamais auparavant
és egészségesebb volt, mint valaha
après avoir fait son travail, elle a lu
miután elvégezte a munkáját, elolvasott
elle jouait du clavecin
csembalón játszott
ou elle chantait en filant de la soie
vagy énekelt, miközben selymet sodort
au contraire, ses deux sœurs ne savaient pas comment passer leur temps
éppen ellenkezőleg, a két nővére nem tudta, mivel töltse az idejét
ils se sont levés à dix heures et n'ont rien fait d'autre que paresser toute la journée
tízkor keltek, és nem csináltak mást, csak lustálkodtak egész nap
ils ont déploré la perte de leurs beaux vêtements
szép ruháik elvesztésén keseregtek
et ils se sont plaints d'avoir perdu leurs connaissances
és panaszkodtak az ismerőseik elvesztéséről
« Regardez notre plus jeune sœur », se dirent-ils.
„Nézze meg a legkisebb nővérünket" – mondták egymásnak
"Quelle pauvre et stupide créature elle est"
"milyen szegény és ostoba teremtés ez"
"C'est mesquin de se contenter de si peu"
"rossz megelégedni ennyivel"
le gentil marchand était d'un avis tout à fait différent
a kedves kereskedő egészen más véleményen volt
il savait très bien que Belle éclipsait ses sœurs
nagyon jól tudta, hogy a szépség felülmúlja a nővéreit
elle les a surpassés en caractère ainsi qu'en esprit
jellemében és elméjében is túlszárnyalta őket
il admirait son humilité et son travail acharné
csodálta alázatát és kemény munkáját
mais il admirait surtout sa patience
de leginkább a türelmét csodálta

ses sœurs lui ont laissé tout le travail à faire
nővérei minden munkát ráhagytak
et ils l'insultaient à chaque instant
és minden pillanatban megsértették
La famille vivait ainsi depuis environ un an.
A család körülbelül egy évig élt így
puis le commerçant a reçu une lettre d'un comptable
majd a kereskedő levelet kapott egy könyvelőtől
il avait un investissement dans un navire
befektetése volt egy hajóban
et le navire était arrivé sain et sauf
és a hajó épségben megérkezett
Cette nouvelle a fait tourner les têtes des deux filles aînées
t híre felforgatta a két legidősebb lány fejét
ils ont immédiatement eu l'espoir de revenir en ville
azonnal reménykedtek, hogy visszatérnek a városba
parce qu'ils étaient assez fatigués de la vie à la campagne
mert eléggé belefáradtak a vidéki életbe
ils sont allés vers leur père alors qu'il partait
apjukhoz mentek, amint az elment
ils l'ont supplié de leur acheter de nouveaux vêtements
könyörögtek neki, hogy vegyen nekik új ruhát
des robes, des rubans et toutes sortes de petites choses
ruhák, szalagok és mindenféle apróság
mais Belle n'a rien demandé
de a szépség nem kért semmit
parce qu'elle pensait que l'argent ne serait pas suffisant
mert azt hitte, a pénz nem lesz elég
il n'y aurait pas assez pour acheter tout ce que ses sœurs voulaient
nem lenne elég megvenni mindent, amit a nővérei akartak
"Que veux-tu, ma belle ?" demanda son père
– Mit szeretnél, szépségem? kérdezte az apja
« Merci, père, pour la bonté de penser à moi », dit-elle
– Köszönöm, apám, hogy gondoltál rám – mondta
« Père, ayez la gentillesse de m'apporter une rose »

"Atyám, légy olyan kedves, és hozz nekem egy rózsát"
"parce qu'aucune rose ne pousse ici dans le jardin"
"mert nem nő rózsa itt a kertben"
"et les roses sont une sorte de rareté"
"és a rózsa egyfajta ritkaság"
Belle ne se souciait pas vraiment des roses
a szépség nem igazán törődött a rózsákkal
elle a juste demandé quelque chose pour ne pas condamner ses sœurs
csak kért valamit, hogy ne ítélje el a nővéreit
mais ses sœurs pensaient qu'elle avait demandé des roses pour d'autres raisons
de a nővérei azt hitték, más okból kér rózsát
"Elle l'a fait juste pour avoir l'air particulière"
"csak azért csinálta, hogy különlegesen nézzen ki"
L'homme gentil est parti en voyage
A kedves ember elindult az útjára
mais quand il est arrivé, ils se sont disputés à propos de la marchandise
de amikor megérkezett, vitatkoztak az áruról
et après beaucoup d'ennuis, il est revenu aussi pauvre qu'avant
és sok fáradság után olyan szegényen tért vissza, mint azelőtt
il était à quelques heures de sa propre maison
pár órán belül a saját házától volt
et il imaginait déjà la joie de revoir ses enfants
és már elképzelte a gyermekei látásának örömét
mais en traversant la forêt, il s'est perdu
de amikor átment az erdőn, eltévedt
il a plu et neigé terriblement
borzasztóan esett és havazott
le vent était si fort qu'il l'a fait tomber de son cheval
a szél olyan erős volt, hogy ledobta a lováról
et la nuit arrivait rapidement
és gyorsan jött az éjszaka
il a commencé à penser qu'il pourrait mourir de faim

kezdett arra gondolni, hogy éhen halhat
et il pensait qu'il pourrait mourir de froid
és arra gondolt, hogy halálra fagyhat
et il pensait que les loups pourraient le manger
és azt hitte, a farkasok megehetik
les loups qu'il entendait hurler tout autour de lui
a farkasok, akiket hallott üvölteni maga körül
mais tout à coup il a vu une lumière
de hirtelen fényt látott
il a vu la lumière au loin à travers les arbres
távolról látta a fényt a fák között
quand il s'est approché, il a vu que la lumière était un palais
amikor közelebb ért, látta, hogy a fény egy palota
le palais était illuminé de haut en bas
a palotát tetőtől talpig kivilágították
le marchand a remercié Dieu pour sa chance
a kereskedő megköszönte Istennek a szerencsét
et il se précipita vers le palais
és a palotába sietett
mais il fut surpris de ne voir personne dans le palais
de meglepődött, hogy nem látott embereket a palotában
la cour était complètement vide
az udvar teljesen üres volt
et il n'y avait aucun signe de vie nulle part
és életnek nyoma sem volt sehol
son cheval le suivit dans le palais
lova követte a palotába
et puis son cheval a trouvé une grande écurie
majd a lova nagy istállót talált
le pauvre animal était presque affamé
szegény állat szinte éhes volt
alors son cheval est allé chercher du foin et de l'avoine
így a lova bement szénát és zabot keresni
Heureusement, il a trouvé beaucoup à manger
szerencsére talált bőven ennivalót
et le marchand attacha son cheval à la mangeoire

és a kereskedő a jászolhoz kötötte a lovát
En marchant vers la maison, il n'a vu personne
haladva nem látott senkit
mais dans une grande salle il trouva un bon feu
de egy nagy teremben jó tüzet talált
et il a trouvé une table dressée pour une personne
és talált egy megterített asztalt
il était mouillé par la pluie et la neige
nedves volt az esőtől és a hótól
alors il s'est approché du feu pour se sécher
ezért a tűz közelébe ment megszárítani magát
« J'espère que le maître de maison m'excusera »
"Remélem, a ház ura megbocsát"
« Je suppose qu'il ne faudra pas longtemps pour que quelqu'un apparaisse »
– Gondolom, nem tart sokáig, amíg valaki megjelenik.
Il a attendu un temps considérable
Jó sokáig várt
il a attendu jusqu'à ce que onze heures sonnent, et toujours personne n'est venu
megvárta, amíg elütötte a tizenegyet, de még mindig nem jött senki
enfin, il avait tellement faim qu'il ne pouvait plus attendre
végre annyira éhes volt, hogy nem tudott tovább várni
il a pris du poulet et l'a mangé en deux bouchées
vett egy csirkét, és két falatban megette
il tremblait en mangeant la nourriture
remegett az étel elfogyasztása közben
après cela, il a bu quelques verres de vin
ezek után ivott néhány pohár bort
devenant plus courageux, il sortit du hall
egyre bátrabban ment ki a teremből
et il traversa plusieurs grandes salles
és átkelt több nagy termen
il a traversé le palais jusqu'à ce qu'il arrive dans une chambre

végigsétált a palotán, amíg be nem ért egy kamrába
une chambre qui contenait un très bon lit
egy kamra, amelyben rendkívül jó ágy volt
il était très fatigué par son épreuve
nagyon elfáradt a megpróbáltatásoktól
et il était déjà minuit passé
és az idő már elmúlt éjfél
alors il a décidé qu'il était préférable de fermer la porte
ezért úgy döntött, a legjobb, ha becsukja az ajtót
et il a conclu qu'il devrait aller se coucher
és arra a következtetésre jutott, hogy le kell feküdnie
Il était dix heures du matin lorsque le marchand s'est réveillé
Délelőtt tíz óra volt, amikor a kereskedő felébredt
au moment où il allait se lever, il vit quelque chose
éppen amikor fel akart kelni, látott valamit
il a été étonné de voir un ensemble de vêtements propres
elképedt egy tiszta ruhakészlet láttán
à l'endroit où il avait laissé ses vêtements sales
azon a helyen, ahol piszkos ruháit hagyta
"ce palais appartient certainement à une sorte de fée"
"Bizonyára valami tündéré ez a palota"
" une fée qui m'a vu et qui a eu pitié de moi"
" egy tündér, aki látott és megsajnált engem"
il a regardé à travers une fenêtre
benézett egy ablakon
mais au lieu de neige, il vit le jardin le plus charmant
de hó helyett a legelragadóbb kertet látta
et dans le jardin il y avait les plus belles roses
és a kertben voltak a legszebb rózsák
il est ensuite retourné dans la grande salle
aztán visszatért a nagyterembe
la salle où il avait mangé de la soupe la veille
a terem, ahol előző este levest ivott
et il a trouvé du chocolat sur une petite table
és talált egy kis csokoládét egy kis asztalkán

« Merci, bonne Madame la Fée », dit-il à voix haute.
– Köszönöm, jó Madam Fairy – mondta hangosan
"Merci d'être si attentionné"
"Köszönöm, hogy ilyen gondoskodó voltál"
« Je vous suis extrêmement reconnaissant pour toutes vos faveurs »
"Rendkívül hálás vagyok minden szívességéért"
l'homme gentil a bu son chocolat
a kedves ember megitta a csokit
et puis il est allé chercher son cheval
majd elment megkeresni a lovát
mais dans le jardin il se souvint de la demande de Belle
de a kertben eszébe jutott szépségkérés
et il coupa une branche de roses
és levágott egy rózsaágat
immédiatement il entendit un grand bruit
azonnal nagy zajt hallott
et il vit une bête terriblement effrayante
és egy rettenetesen ijesztő fenevadat látott
il était tellement effrayé qu'il était sur le point de s'évanouir
annyira megijedt, hogy készen állt az ájulásra
« Tu es bien ingrat », lui dit la bête.
– Nagyon hálátlan vagy – mondta neki a vadállat
et la bête parla d'une voix terrible
és a fenevad szörnyű hangon beszélt
« Je t'ai sauvé la vie en te laissant entrer dans mon château »
"Megmentettem az életét azzal, hogy beengedtem a kastélyomba"
"et pour ça tu me voles mes roses en retour ?"
"és ezért cserébe ellopod a rózsáimat?"
« Les roses que j'apprécie plus que tout »
"A rózsák, amelyeket mindennél jobban értékelek"
"mais tu mourras pour ce que tu as fait"
"de meg kell halnod azért, amit tettél"
« Je ne vous donne qu'un quart d'heure pour vous préparer »
"Csak negyed órát adok, hogy felkészülj"

« Préparez-vous à la mort et dites vos prières »
"Készülj fel a halálra és mondd el az imáidat"
le marchand tomba à genoux
a kereskedő térdre esett
et il leva ses deux mains
és felemelte mindkét kezét
« Monseigneur, je vous supplie de me pardonner »
"Uram, kérlek, bocsáss meg nekem"
« Je n'avais aucune intention de t'offenser »
"Nem állt szándékomban megbántani"
« J'ai cueilli une rose pour une de mes filles »
"Rózsát gyűjtöttem az egyik lányomnak"
"elle m'a demandé de lui apporter une rose"
"megkért, hogy hozzak neki egy rózsát"
« Je ne suis pas ton seigneur, mais je suis une bête »,
répondit le monstre
- Nem vagyok az urad, hanem egy vadállat - válaszolta a szörnyeteg
« Je n'aime pas les compliments »
"Nem szeretem a bókokat"
« J'aime les gens qui parlent comme ils pensent »
"Szeretem azokat az embereket, akik úgy beszélnek, ahogy gondolják"
« N'imaginez pas que je puisse être ému par la flatterie »
"ne képzeld, hogy meghathat a hízelgés"
« Mais tu dis que tu as des filles »
– De azt mondod, hogy lányaid vannak.
"Je te pardonnerai à une condition"
"Egy feltétellel megbocsátok"
« L'une de vos filles doit venir volontairement à mon palais »
"Az egyik lányodnak készségesen el kell jönnie a palotámba"
"et elle doit souffrir pour toi"
"és szenvednie kell érted"
« Donne-moi ta parole »
"Engedd, hogy szót mondjak"

"et ensuite tu pourras vaquer à tes occupations"
"és akkor mehet a dolgod"
« Promets-moi ceci : »
"Ígérd meg nekem ezt:"
"Si votre fille refuse de mourir pour vous, vous devez revenir dans les trois mois"
"Ha a lányod nem hajlandó meghalni érted, három hónapon belül vissza kell térned"
le marchand n'avait aucune intention de sacrifier ses filles
a kereskedőnek nem állt szándékában feláldozni a lányait
mais, comme on lui en donnait le temps, il voulait revoir ses filles une fois de plus
de mivel időt kapott, még egyszer látni akarta a lányait
alors il a promis qu'il reviendrait
ezért megígérte, hogy visszatér
et la bête lui dit qu'il pouvait partir quand il le voudrait
és a fenevad azt mondta neki, hogy indulhat, amikor akarja
et la bête lui dit encore une chose
és a fenevad még egy dolgot mondott neki
« Tu ne partiras pas les mains vides »
"nem távozhatsz üres kézzel"
« retourne dans la pièce où tu étais allongé »
"menj vissza abba a szobába, ahol feküdtél"
« vous verrez un grand coffre au trésor vide »
"látsz egy nagy üres kincsesládát"
« Remplissez le coffre aux trésors avec ce que vous préférez »
"Töltsd meg a kincsesládát azzal, ami a legjobban tetszik"
"et j'enverrai le coffre au trésor chez toi"
"És hazaküldöm a kincsesládát"
et en même temps la bête s'est retirée
és egyúttal a vadállat visszavonult
« Eh bien, » se dit le bon homme
– Nos – mondta magában a jó ember
« Si je dois mourir, je laisserai au moins quelque chose à mes enfants »

"Ha meg kell halnom, legalább hagyok valamit a gyerekeimre."
alors il retourna dans la chambre à coucher
így visszatért a hálószobába
et il a trouvé une grande quantité de pièces d'or
és nagyon sok aranyat talált
il a rempli le coffre au trésor que la bête avait mentionné
megtöltötte a kincsesládát, amelyet a vadállat említett
et il sortit son cheval de l'écurie
és kivette a lovát az istállóból
la joie qu'il ressentait en entrant dans le palais était désormais égale à la douleur qu'il ressentait en le quittant
az öröm, amit a palotába való belépéskor érzett, most egyenlő volt azzal a bánattal, amelyet elhagyott
le cheval a pris un des chemins de la forêt
a ló az erdő egyik útjára ment
et quelques heures plus tard, le bon homme était à la maison
és néhány óra múlva a jóember otthon volt
ses enfants sont venus à lui
gyermekei jöttek hozzá
mais au lieu de recevoir leurs étreintes avec plaisir, il les regardait
de ahelyett, hogy örömmel fogadta volna ölelésüket, rájuk nézett
il brandit la branche qu'il tenait dans ses mains
feltartotta a kezében tartott ágat
et puis il a fondu en larmes
majd sírva fakadt
« Belle », dit-il, « s'il te plaît, prends ces roses »
– Szépség – mondta –, kérlek, vedd el ezeket a rózsákat!
"Vous ne pouvez pas savoir à quel point ces roses ont été chères"
"Nem tudhatod, milyen drágák voltak ezek a rózsák"
"Ces roses ont coûté la vie à ton père"
"ezek a rózsák az apád életébe kerültek"
et puis il raconta sa fatale aventure

majd elmesélte végzetes kalandját
immédiatement les deux sœurs aînées crièrent
azonnal felkiáltott a két legidősebb nővér
et ils ont dit beaucoup de choses méchantes à leur belle sœur
és sok aljas dolgot mondtak gyönyörű nővérüknek
mais Belle n'a pas pleuré du tout
de a szépség egyáltalán nem sírt
« Regardez l'orgueil de ce petit misérable », dirent-ils.
„Nézd, milyen büszkeség ez a kis nyomorult" – mondták
"**elle n'a pas demandé de beaux vêtements**"
"nem kért szép ruhát"
"**Elle aurait dû faire ce que nous avons fait**"
"neki azt kellett volna tennie, amit mi tettünk"
"**elle voulait se distinguer**"
"Meg akarta különböztetni magát"
"**alors maintenant elle sera la mort de notre père**"
"tehát most ő lesz apánk halála"
"**et pourtant elle ne verse pas une larme**"
"és mégsem könnyet ejt"
"**Pourquoi devrais-je pleurer ?" répondit Belle**
– Miért sírjak? válaszolta szépség
« pleurer serait très inutile »
"sírás nagyon felesleges lenne"
« Mon père ne souffrira pas pour moi »
"apám nem fog szenvedni értem"
"**le monstre acceptera une de ses filles**"
"a szörny elfogadja az egyik lányát"
« Je m'offrirai à toute sa fureur »
"Feladom magam minden haragjának"
« Je suis très heureux, car ma mort sauvera la vie de mon père »
"Nagyon boldog vagyok, mert a halálom megmenti apám életét"
"**ma mort sera une preuve de mon amour**"
"halálom a szerelmem bizonyítéka lesz"
« Non, ma sœur », dirent ses trois frères

– Nem, húgom – mondta három testvére
"cela ne sera pas"
"az nem lesz"
"nous allons chercher le monstre"
"Megyünk megkeresni a szörnyet"
"et soit on le tue..."
"és vagy megöljük..."
« ... ou nous périrons dans cette tentative »
"...vagy elpusztulunk a kísérletben"
« N'imaginez rien de tel, mes fils », dit le marchand.
– Ne képzeljetek ilyesmit, fiaim – mondta a kereskedő
"La puissance de la bête est si grande que je n'ai aucun espoir que tu puisses la vaincre"
"A fenevad ereje akkora, hogy nincs reményem, hogy legyőzhetnéd"
« Je suis charmé par l'offre aimable et généreuse de Belle »
"Elbűvölt a szépség kedves és nagylelkű ajánlata"
"mais je ne peux pas accepter sa générosité"
"de nem tudom elfogadni a nagylelkűségét"
« Je suis vieux et je n'ai plus beaucoup de temps à vivre »
"Öreg vagyok, és nem kell sokáig élnem"
"Je ne peux donc perdre que quelques années"
"így csak néhány évet veszíthetek"
"un temps que je regrette pour vous, mes chers enfants"
"Az idő, amit sajnálok értetek, kedves gyermekeim"
« Mais père », dit Belle
– De apa – mondta szépség
"tu n'iras pas au palais sans moi"
"nem mész a palotába nélkülem"
"tu ne peux pas m'empêcher de te suivre"
"Nem akadályozhatod meg, hogy kövesselek"
rien ne pourrait convaincre Belle autrement
semmi sem tudta meggyőzni a szépséget az ellenkezőjéről
elle a insisté pour aller au beau palais
ragaszkodott hozzá, hogy elmenjen a szép palotába
et ses sœurs étaient ravies de son insistance

és a nővérei örültek a ragaszkodásának
Le marchand était inquiet à l'idée de perdre sa fille
A kereskedő aggódott a lánya elvesztésének gondolata miatt
il était tellement inquiet qu'il avait oublié le coffre rempli d'or
annyira aggódott, hogy megfeledkezett az arannyal teli ládáról
la nuit, il se retirait pour se reposer et fermait la porte de sa chambre
éjjel visszavonult pihenni, és becsukta a kamra ajtaját
puis, à sa grande surprise, il trouva le trésor à côté de son lit
majd nagy megdöbbenésére az ágya mellett találta a kincset
il était déterminé à ne rien dire à ses enfants
elhatározta, hogy nem mondja el a gyerekeinek
s'ils savaient, ils auraient voulu retourner en ville
ha tudták volna, vissza akartak volna térni a városba
et il était résolu à ne pas quitter la campagne
és elhatározta, hogy nem hagyja el a vidéket
mais il confia le secret à Belle
de a szépségre bízta a titkot
elle l'informa que deux messieurs étaient venus
közölte vele, hogy két úr jött
et ils ont fait des propositions à ses sœurs
és javaslatokat tettek a nővéreinek
elle a supplié son père de consentir à leur mariage
könyörgött az apjának, hogy járuljon hozzá a házasságukhoz
et elle lui a demandé de leur donner une partie de sa fortune
és megkérte, hogy adjon nekik a vagyonából
elle leur avait déjà pardonné
már megbocsátott nekik
les méchantes créatures se frottaient les yeux avec des oignons
a gonosz lények hagymával dörzsölték a szemüket
pour forcer quelques larmes quand ils se sont séparés de leur sœur
hogy könnyekre fakadjon, amikor elváltak a nővérüktől

mais ses frères étaient vraiment inquiets
de a testvérei valóban aggódtak
Belle était la seule à ne pas verser de larmes
a szépség volt az egyetlen, aki nem ejtett könnyeket
elle ne voulait pas augmenter leur malaise
nem akarta fokozni a nyugtalanságukat
le cheval a pris la route directe vers le palais
a ló a közvetlen úton ment a palotába
et vers le soir ils virent le palais illuminé
és estefelé meglátták a kivilágított palotát
le cheval est rentré à l'écurie
a ló ismét bevette magát az istállóba
et le bon homme et sa fille entrèrent dans la grande salle
és a jó ember és a lánya bementek a nagyterembe
ici ils ont trouvé une table magnifiquement dressée
itt találtak egy pompásan felszolgált asztalt
le marchand n'avait pas d'appétit pour manger
a kereskedőnek nem volt étvágya enni
mais Belle s'efforçait de paraître joyeuse
de a szépség igyekezett vidámnak látszani
elle s'est assise à table et a aidé son père
leült az asztalhoz és segített az apjának
mais elle pensait aussi :
de azt is gondolta magában:
"La bête veut sûrement m'engraisser avant de me manger"
"A fenevad biztosan meg akar hizlalni, mielőtt megesz"
"c'est pourquoi il offre autant de divertissement"
"ezért nyújt ilyen bőséges szórakozást"
après avoir mangé, ils entendirent un grand bruit
miután ettek, nagy zajt hallottak
et le marchand fit ses adieux à son malheureux enfant, les larmes aux yeux
és a kereskedő könnyes szemmel búcsúzott szerencsétlen gyermekétől
parce qu'il savait que la bête allait venir
mert tudta, hogy jön a fenevad

Belle était terrifiée par sa forme horrible
a szépség megrémült iszonyatos alakjától
mais elle a pris courage du mieux qu'elle a pu
de a lehető legjobban vette a bátorságot
et le monstre lui a demandé si elle était venue volontairement
és a szörny megkérdezte tőle, hogy szívesen jött-e
"Oui, je suis venue volontiers", dit-elle en tremblant
– Igen, szívesen jöttem – mondta remegve
la bête répondit : « Tu es très bon »
a vadállat így válaszolt: "Nagyon jó vagy"
"et je vous suis très reconnaissant, honnête homme"
"És nagyon hálás vagyok neked, becsületes ember"
« Allez-y demain matin »
"Holnap reggel menj az utaidra"
"mais ne pense plus jamais à revenir ici"
"de soha ne gondolj arra, hogy többet idejössz"
« Adieu Belle, adieu bête », répondit-il
– Búcsút szépség, búcsúzó állat – válaszolta
et immédiatement le monstre s'est retiré
és a szörny azonnal visszavonult
« Oh, ma fille », dit le marchand
– Ó, lányom – mondta a kereskedő
et il embrassa sa fille une fois de plus
és még egyszer átölelte a lányát
« Je suis presque mort de peur »
"Majdnem halálra rémülök"
"crois-moi, tu ferais mieux de rentrer"
"Higgye el, jobb lesz, ha visszamegy"
"Laisse-moi rester ici, à ta place"
"Hadd maradjak itt helyetted"
« Non, père », dit Belle d'un ton résolu.
– Nem, apám – mondta a szépség határozott hangon
"tu partiras demain matin"
"holnap reggel indulsz"
« Laissez-moi aux soins et à la protection de la Providence »

"hagyj a gondviselés gondjaira és védelmére"
néanmoins ils sont allés se coucher
ennek ellenére lefeküdtek
ils pensaient qu'ils ne fermeraient pas les yeux de la nuit
azt hitték, egész éjjel nem hunyják be a szemüket
mais juste au moment où ils se couchaient, ils s'endormirent
de éppen amikor lefeküdtek aludtak
La belle rêva qu'une belle dame venait et lui disait :
A szépség álmodott egy szép hölgy jött hozzá, és azt mondta neki:
« Je suis content, Belle, de ta bonne volonté »
"Elégedett vagyok, szépségem, jóakaratoddal"
« Cette bonne action de votre part ne restera pas sans récompense »
"ez a jó cselekedeted nem marad jutalom nélkül"
Belle s'est réveillée et a raconté son rêve à son père
A szépség felébredt, és elmesélte apjának álmát
le rêve l'a aidé à se réconforter un peu
az álom egy kicsit segített megvigasztalni
mais il ne pouvait s'empêcher de pleurer amèrement en partant
de nem tudott keservesen sírni indulás közben
Dès qu'il fut parti, Belle s'assit dans la grande salle et pleura aussi
amint elment, szépség leült a nagyteremben és sírt is
mais elle résolut de ne pas s'inquiéter
de úgy döntött, nem lesz nyugtalan
elle a décidé d'être forte pour le peu de temps qui lui restait à vivre
úgy döntött, hogy erős lesz az élethez hátralévő kis ideig
parce qu'elle croyait fermement que la bête la mangerait
mert szilárdan hitte, hogy a fenevad megeszi
Cependant, elle pensait qu'elle pourrait aussi bien explorer le palais
azonban úgy gondolta, akár felfedezhetné a palotát
et elle voulait voir le beau château

és meg akarta nézni a szép kastélyt
un château qu'elle ne pouvait s'empêcher d'admirer
egy kastély, amelyet nem győzött megcsodálni
c'était un palais délicieusement agréable
elragadóan kellemes palota volt
et elle fut extrêmement surprise de voir une porte
és rendkívül meglepődött, amikor meglátott egy ajtót
et sur la porte il était écrit que c'était sa chambre
és az ajtó fölé ki volt írva, hogy ez az ő szobája
elle a ouvert la porte à la hâte
sietve kinyitotta az ajtót
et elle était tout à fait éblouie par la magnificence de la pièce
és egészen elkápráztatta a szoba pompáját
ce qui a principalement retenu son attention était une grande bibliothèque
ami főként lekötötte a figyelmét, az egy nagy könyvtár volt
un clavecin et plusieurs livres de musique
egy csembaló és több kottakönyv
« Eh bien, » se dit-elle
– Nos – mondta magában
« Je vois que la bête ne laissera pas mon temps peser sur moi »
"Látom, a vadállat nem hagyja, hogy az időm nehezére essen"
puis elle réfléchit à sa situation
aztán elgondolkodott magában a helyzetén
« Si je devais rester un jour, tout cela ne serait pas là »
"Ha egy napig maradnom kellett volna, ez nem lenne itt"
cette considération lui inspira un courage nouveau
ez a megfontolás új bátorságot inspirált
et elle a pris un livre de sa nouvelle bibliothèque
és elővett egy könyvet az új könyvtárából
et elle lut ces mots en lettres d'or :
és ezeket a szavakat olvasta aranybetűkkel:
« Accueillez Belle, bannissez la peur »
"Üdvözöllek szépség, űzd el a félelmet"
« Vous êtes reine et maîtresse ici »

"Te vagy itt királynő és úrnő"
« Exprimez vos souhaits, exprimez votre volonté »
"Mondd ki a kívánságodat, mondd ki az akaratodat"
« L'obéissance rapide répond ici à vos souhaits »
"A gyors engedelmesség itt teljesíti a kívánságait"
« Hélas, dit-elle avec un soupir
– Jaj – mondta sóhajtva
« Ce que je souhaite par-dessus tout, c'est revoir mon pauvre père. »
"Leginkább látni szeretném szegény apámat"
"et j'aimerais savoir ce qu'il fait"
"És szeretném tudni, hogy mit csinál"
Dès qu'elle eut dit cela, elle remarqua le miroir
Amint ezt kimondta, észrevette a tükröt
à sa grande surprise, elle vit sa propre maison dans le miroir
legnagyobb ámulatára saját otthonát látta a tükörben
son père est arrivé émotionnellement épuisé
apja érzelmileg kimerülten érkezett
ses sœurs sont allées à sa rencontre
nővérei elmentek hozzá
malgré leurs tentatives de paraître tristes, leur joie était visible
annak ellenére, hogy megpróbáltak szomorúnak látszani, örömük látható volt
un instant plus tard, tout a disparu
egy pillanattal később minden eltűnt
et les appréhensions de Belle ont également disparu
és a szépség félelmei is eltűntek
car elle savait qu'elle pouvait faire confiance à la bête
mert tudta, hogy megbízhat a fenevadban
À midi, elle trouva le dîner prêt
Délben készen találta a vacsorát
elle s'est assise à la table
leült az asztalhoz
et elle a été divertie avec un concert de musique
és zenei koncerttel szórakoztatták

même si elle ne pouvait voir personne
bár nem láthatott senkit
le soir, elle s'est à nouveau assise pour dîner
este megint leült vacsorázni
cette fois elle entendit le bruit que faisait la bête
ezúttal hallotta a fenevad zaját
et elle ne pouvait s'empêcher d'être terrifiée
és nem tehetett róla, hogy retteg
"Belle", dit le monstre
– szépség – mondta a szörnyeteg
"est-ce que tu me permets de manger avec toi ?"
– Megengeded, hogy veled egyek?
« Fais comme tu veux », répondit Belle en tremblant
– Tedd, amit akarsz – válaszolta remegve a szépség
"Non", répondit la bête
– Nem – válaszolta a vadállat
"tu es seule la maîtresse ici"
"Egyedül te vagy itt úrnő"
"tu peux me renvoyer si je suis gênant"
"Elküldhetsz, ha zavarok"
« renvoyez-moi et je me retirerai immédiatement »
"Küldj el, és azonnal visszavonom"
« Mais dis-moi, ne me trouves-tu pas très laide ? »
– De mondd csak, nem gondolod, hogy nagyon csúnya vagyok?
"C'est vrai", dit Belle
– Ez igaz – mondta szépség
« Je ne peux pas mentir »
"Nem tudok hazudni"
"mais je crois que tu es de très bonne nature"
"de azt hiszem, nagyon jó természetű vagy"
« Je le suis en effet », dit le monstre
– Valóban az vagyok – mondta a szörnyeteg
« Mais à part ma laideur, je n'ai pas non plus de bon sens »
"De a csúnyaságomon kívül nincs értelme."
« Je sais très bien que je suis une créature stupide »

"Tudom jól, hogy buta lény vagyok"
« Ce n'est pas un signe de folie de penser ainsi », répondit Belle.
- Nem az ostobaság jele, ha így gondolod - válaszolta szépség
« Mange donc, belle », dit le monstre
– Akkor egyél, szépségem – mondta a szörnyeteg
« essaie de t'amuser dans ton palais »
"Próbálj szórakozni a palotádban"
"tout ici est à toi"
"itt minden a tiéd"
"et je serais très mal à l'aise si tu n'étais pas heureux"
"És nagyon nyugtalan lennék, ha nem lennél boldog"
« Vous êtes très obligeant », répondit Belle
„Nagyon kedves vagy" – válaszolta szépség
« J'avoue que je suis heureux de votre gentillesse »
"Bevallom, örülök a kedvességednek"
« et quand je considère votre gentillesse, je remarque à peine vos difformités »
"És ha a kedvességedre gondolok, alig veszem észre a deformitásaidat"
« Oui, oui, dit la bête, mon cœur est bon.
- Igen, igen - mondta a vadállat -, jó a szívem
"mais même si je suis bon, je suis toujours un monstre"
"de bár jó vagyok, mégis szörnyeteg vagyok"
« Il y a beaucoup d'hommes qui méritent ce nom plus que toi »
"Sok férfi van, aki jobban megérdemli ezt a nevet, mint te"
"et je te préfère tel que tu es"
"És jobban szeretlek olyannak, amilyen vagy"
"et je te préfère à ceux qui cachent un cœur ingrat"
"És jobban szeretlek téged, mint azokat, akik hálátlan szívet rejtenek"
"Si seulement j'avais un peu de bon sens", répondit la bête
– Ha lenne némi eszem – válaszolta a vadállat
"Si j'avais du bon sens, je vous ferais un beau compliment pour vous remercier"

"Ha lenne eszem, egy remek bókot tennék, hogy megköszönjem"
"mais je suis si ennuyeux"
"de olyan unalmas vagyok"
« Je peux seulement dire que je vous suis très reconnaissant »
"Csak azt tudom mondani, hogy nagyon hálás vagyok neked"
Belle a mangé un copieux souper
a szépség kiadós vacsorát evett
et elle avait presque vaincu sa peur du monstre
és már majdnem legyőzte a szörnyetegtől való félelmét
mais elle a voulu s'évanouir lorsque la bête lui a posé la question suivante
de el akart ájulni, amikor a vadállat feltette neki a következő kérdést
"Belle, veux-tu être ma femme ?"
"Szépség, leszel a feleségem?"
elle a mis du temps avant de pouvoir répondre
eltartott egy ideig, mire válaszolni tudott
parce qu'elle avait peur de le mettre en colère
mert félt, hogy feldühíti
Mais finalement elle dit "non, bête"
végül azonban azt mondta: "nem, vadállat"
immédiatement le pauvre monstre siffla très effroyablement
azonnal nagyon ijesztően sziszegte szegény szörnyeteg
et tout le palais résonna
és az egész palota visszhangzott
mais Belle se remit bientôt de sa frayeur
de a szépség hamar magához tért ijedtségéből
parce que la bête parla encore d'une voix lugubre
mert fenevad ismét gyászos hangon beszélt
"Alors adieu, Belle"
"Akkor viszlát, szépség"
et il ne se retournait que de temps en temps
és csak időnként fordult vissza
de la regarder alors qu'il sortait

hogy ránézzen, amint kiment
maintenant Belle était à nouveau seule
most a szépség ismét egyedül volt
elle ressentait beaucoup de compassion
nagy részvétet érzett
"Hélas, c'est mille fois dommage"
"Jaj, ez ezer kár"
"tout ce qui est si bon ne devrait pas être si laid"
"ami ilyen jó természetű, nem lehet olyan csúnya"
Belle a passé trois mois très heureuse dans le palais
szépség három hónapot nagyon elégedetten töltött a palotában
chaque soir la bête lui rendait visite
minden este a fenevad meglátogatta
et ils ont parlé pendant le dîner
és vacsora közben beszélgettek
ils ont parlé avec bon sens
józan ésszel beszélgettek
mais ils ne parlaient pas avec ce que les gens appellent de l'esprit
de nem beszéltek azzal, amit az emberek szellemességnek neveznek
Belle a toujours découvert un caractère précieux dans la bête
a szépség mindig felfedezett valami értékes karaktert a fenevadban
et elle s'était habituée à sa difformité
és hozzászokott a férfi deformitásához
elle ne redoutait plus le moment de sa visite
már nem rettegett a látogatásának idejétől
maintenant elle regardait souvent sa montre
most gyakran az órájára nézett
et elle ne pouvait pas attendre qu'il soit neuf heures
és alig várta, hogy kilenc óra legyen
car la bête ne manquait jamais de venir à cette heure-là
mert a fenevad soha nem mulasztotta el jönni abban az órában
il n'y avait qu'une seule chose qui concernait Belle

csak egy dolog vonatkozott a szépségre
chaque soir avant d'aller au lit, la bête lui posait la même question
minden este, mielőtt lefeküdt a vadállat ugyanazt a kérdést tette fel neki
le monstre lui a demandé si elle voulait être sa femme
a szörny megkérdezte tőle, lesz-e a felesége
un jour elle lui dit : "bête, tu me mets très mal à l'aise"
egy nap azt mondta neki: "fenevad, nagyon nyugtalanítasz."
« J'aimerais pouvoir consentir à t'épouser »
"Bárcsak beleegyeznék, hogy feleségül vegyem"
"mais je suis trop sincère pour te faire croire que je t'épouserais"
"de túl őszinte vagyok ahhoz, hogy elhitessem veled, hogy feleségül veszlek"
"Notre mariage n'aura jamais lieu"
"A mi házasságunk soha nem fog megtörténni"
« Je te verrai toujours comme un ami »
"Mindig barátként foglak látni"
"S'il vous plaît, essayez d'être satisfait de cela"
"kérlek próbálj meg elégedett lenni ezzel"
« Je dois me contenter de cela », dit la bête
– Biztosan elégedett vagyok ezzel – mondta a vadállat
« Je connais mon propre malheur »
"Tudom a saját szerencsétlenségemet"
"mais je t'aime avec la plus tendre affection"
leggyengédebb szeretettel szeretlek "
« Cependant, je devrais me considérer comme heureux »
"Azonban boldognak kell tartanom magam"
"et je serais heureux que tu restes ici"
"És örülnöm kell, hogy itt maradsz"
"promets-moi de ne jamais me quitter"
"Ígérd meg, hogy soha nem hagysz el"
Belle rougit à ces mots
a szépség elpirult e szavak hallatán
Un jour, Belle se regardait dans son miroir

egy nap a szépség a tükörébe nézett
son père s'était inquiété à mort pour elle
az apja aggódott, hogy beteg lesz érte
elle avait plus que jamais envie de le revoir
jobban vágyott rá, hogy újra láthassa, mint valaha
« Je pourrais te promettre de ne jamais te quitter complètement »
"Megígérhetem, hogy soha nem hagylak el teljesen"
"**mais j'ai tellement envie de voir mon père**"
"de annyira vágyom, hogy lássam apámat"
« Je serais terriblement contrarié si tu disais non »
"Lehetetlenül ideges lennék, ha nemet mondana"
« Je préfère mourir moi-même », dit le monstre
– Inkább magam haltam meg – mondta a szörnyeteg
« Je préférerais mourir plutôt que de te mettre mal à l'aise »
"Inkább meghalok, mintsem hogy nyugtalanságot keltessem"
« Je t'enverrai vers ton père »
"Elküldelek apádhoz"
"**tu resteras avec lui**"
"vele maradsz"
"**et cette malheureuse bête mourra de chagrin à la place**"
"és ez a szerencsétlen állat inkább a bánattól fog meghalni"
« Non », dit Belle en pleurant
– Nem – mondta a szépség sírva
"**Je t'aime trop pour être la cause de ta mort**"
"Túlságosan szeretlek ahhoz, hogy a halálod oka legyek"
"**Je te promets de revenir dans une semaine**"
"Ígérem, hogy egy hét múlva visszatérek"
« Tu m'as montré que mes sœurs sont mariées »
"Megmutattad nekem, hogy a nővéreim házasok"
« et mes frères sont partis à l'armée »
"és a testvéreim elmentek a hadseregbe"
« laisse-moi rester une semaine avec mon père, car il est seul »
"Hadd maradjak egy hetet apámnál, mert egyedül van"
« Tu seras là demain matin », dit la bête

– Holnap reggel ott leszel – mondta a vadállat
"mais souviens-toi de ta promesse"
"de emlékezz az ígéretedre"
« Il vous suffit de poser votre bague sur une table avant d'aller vous coucher »
"Csak le kell fektetni a gyűrűt az asztalra, mielőtt lefekszel"
"et alors tu seras ramené avant le matin"
"és akkor még reggel visszahoznak"
« Adieu chère Belle », soupira la bête
– Búcsút drága szépségem – sóhajtott a vadállat
Belle s'est couchée très triste cette nuit-là
szépség nagyon szomorúan feküdt le aznap este
parce qu'elle ne voulait pas voir la bête si inquiète
mert nem akarta ennyire aggódó fenevadat látni
le lendemain matin, elle se retrouva chez son père
másnap reggel az apja otthonában találta magát
elle a sonné une petite cloche à côté de son lit
megkongatott egy kis csengőt az ágya mellett
et la servante poussa un grand cri
és a szobalány hangosan felsikoltott
et son père a couru à l'étage
és az apja felszaladt az emeletre
il pensait qu'il allait mourir de joie
azt hitte, meg fog halni az örömtől
il l'a tenue dans ses bras pendant un quart d'heure
negyed óráig tartotta a karjában
Finalement, les premières salutations étaient terminées
végül az első köszöntések véget értek
Belle a commencé à penser à sortir du lit
szépség arra kezdett gondolni, hogy felkeljen az ágyból
mais elle s'est rendu compte qu'elle n'avait apporté aucun vêtement
de rájött, hogy nem hozott ruhát
mais la servante lui a dit qu'elle avait trouvé une boîte
de a szobalány azt mondta neki, hogy talált egy dobozt
le grand coffre était plein de robes et de robes

a nagy csomagtartó tele volt köntösökkel és ruhákkal
chaque robe était couverte d'or et de diamants
mindegyik ruhát arannyal és gyémánttal borították
La Belle a remercié la Bête pour ses bons soins
a szépség megköszönte a vadállat kedves gondoskodását
et elle a pris l'une des robes les plus simples
és felvette az egyik legegyszerűbb ruhát
elle avait l'intention de donner les autres robes à ses sœurs
a többi ruhát a nővéreinek szándékozott adni
mais à cette pensée le coffre de vêtements disparut
de erre a gondolatra a ruhás láda eltűnt
la bête avait insisté sur le fait que les vêtements étaient pour elle seulement
a fenevad ragaszkodott hozzá, hogy a ruhák csak neki valók
son père lui a dit que c'était le cas
az apja azt mondta neki, hogy ez a helyzet
et aussitôt le coffre de vêtements est revenu
és azonnal visszajött a ruhatartó
Belle s'est habillée avec ses nouveaux vêtements
szépség felöltözött új ruháival
et pendant ce temps les servantes allèrent chercher ses sœurs
és közben szobalányok mentek megkeresni a nővéreit
ses deux sœurs étaient avec leurs maris
mindkét nővére a férjükkel volt
mais ses deux sœurs étaient très malheureuses
de mindkét nővére nagyon boldogtalan volt
sa sœur aînée avait épousé un très beau gentleman
legidősebb nővére egy nagyon jóképű úriemberhez ment feleségül
mais il était tellement amoureux de lui-même qu'il négligeait sa femme
de annyira szerette magát, hogy elhanyagolta a feleségét
sa deuxième sœur avait épousé un homme spirituel
második nővére egy szellemes férfihoz ment feleségül
mais il a utilisé son esprit pour tourmenter les gens
de szellemességét emberek kínzására használta

et il tourmentait surtout sa femme
és leginkább a feleségét gyötörte
Les sœurs de Belle l'ont vue habillée comme une princesse
a szépség nővérei hercegnőnek öltözve látták
et ils furent écœurés d'envie
és rosszul lettek az irigységtől
maintenant elle était plus belle que jamais
most szebb volt, mint valaha
son comportement affectueux n'a pas pu étouffer leur jalousie
szeretetteljes viselkedése nem tudta elfojtani féltékenységüket
elle leur a dit combien elle était heureuse avec la bête
elmesélte nekik, mennyire örül a vadállatnak
et leur jalousie était prête à éclater
és féltékenységük kitörni készült
Ils descendirent dans le jardin pour pleurer leur malheur
Lementek a kertbe sírni a szerencsétlenségük miatt
« En quoi cette petite créature est-elle meilleure que nous ? »
– Miben jobb ez a kis lény nálunk?
« Pourquoi devrait-elle être tellement plus heureuse ? »
– Miért lenne sokkal boldogabb?
« Sœur », dit la sœur aînée
– Nővér – mondta a nővér
"une pensée vient de me traverser l'esprit"
"Egy gondolat jutott eszembe"
« Essayons de la garder ici plus d'une semaine »
"Megpróbáljuk itt tartani több mint egy hétig"
"Peut-être que cela fera enrager ce monstre idiot"
"talán ez feldühíti az ostoba szörnyeteget"
« parce qu'elle aurait manqué à sa parole »
"mert megszegte volna a szavát"
"et alors il pourrait la dévorer"
"és akkor felfalhatja"
"C'est une excellente idée", répondit l'autre sœur
– Ez remek ötlet – válaszolta a másik nővér
« Nous devons lui montrer autant de gentillesse que

possible »
"A lehető legtöbb kedvességet kell megmutatnunk neki"
les sœurs en ont fait leur résolution
a nővérek ezt határozták meg
et ils se sont comportés très affectueusement envers leur sœur
és nagyon szeretetteljesen viselkedtek a nővérükkel
pauvre Belle pleurait de joie à cause de toute leur gentillesse
szegény szépség sírt örömében minden kedvességüktől
quand la semaine fut expirée, ils pleurèrent et s'arrachèrent les cheveux
amikor lejárt a hét, sírtak és tépték a hajukat
ils semblaient si désolés de se séparer d'elle
úgy tűnt, nagyon sajnálták, hogy megválnak tőle
et Belle a promis de rester une semaine de plus
és a szépség megígérte, hogy egy héttel tovább marad
Pendant ce temps, Belle ne pouvait s'empêcher de réfléchir sur elle-même
Eközben a szépség nem tudta megállni, hogy önmagára gondoljon
elle s'inquiétait de ce qu'elle faisait à la pauvre bête
aggódott, mit csinál szegény vadállattal
elle sait qu'elle l'aimait sincèrement
tudja, hogy őszintén szerette őt
et elle avait vraiment envie de le revoir
és nagyon vágyott a viszontlátásra
la dixième nuit qu'elle a passée chez son père aussi
a tizedik éjszakát is az apjánál töltötte
elle a rêvé qu'elle était dans le jardin du palais
azt álmodta, hogy a palota kertjében van
et elle rêva qu'elle voyait la bête étendue sur l'herbe
és azt álmodta, hogy meglátta a fenevadat a fűben
il semblait lui faire des reproches d'une voix mourante
mintha elhaló hangon szemrehányást tett volna neki
et il l'accusa d'ingratitude
és hálátlansággal vádolta

Belle s'est réveillée de son sommeil
a szépség felébredt álmából
et elle a fondu en larmes
és sírva fakadt
« **Ne suis-je pas très méchant ?** »
– Nem vagyok nagyon gonosz?
« **N'était-ce pas cruel de ma part d'agir si méchamment envers la bête ?** »
– Nem volt kegyetlen tőlem, hogy ilyen barátságtalanul viselkedtem a vadállattal?
"**la bête a tout fait pour me faire plaisir**"
"Az állat mindent megtett, hogy a kedvemben járjon"
« **Est-ce sa faute s'il est si laid ?** »
– Az ő hibája, hogy ilyen csúnya?
« **Est-ce sa faute s'il a si peu d'esprit ?** »
– Az ő hibája, hogy ilyen kevés esze van?
« **Il est gentil et bon, et cela suffit** »
"Kedves és jó, és ez elég"
« **Pourquoi ai-je refusé de l'épouser ?** »
– Miért nem voltam hajlandó feleségül venni?
« **Je devrais être heureux avec le monstre** »
"Boldognak kell lennem a szörnyeteggel"
« **regarde les maris de mes sœurs** »
"Nézd meg a nővéreim férjeit"
« **Ni l'esprit, ni la beauté ne les rendent bons** »
"sem a szellemesség, sem a jóképűség nem teszi őket jóvá"
« **aucun de leurs maris ne les rend heureuses** »
"egyik férjük sem boldogítja őket"
« **mais la vertu, la douceur de caractère et la patience** »
"de az erény, az indulat édessége és a türelem"
"**ces choses rendent une femme heureuse**"
"ezek a dolgok boldoggá tesznek egy nőt"
"**et la bête a toutes ces qualités précieuses**"
"és a fenevadnak megvannak ezek az értékes tulajdonságai"
"**c'est vrai, je ne ressens pas de tendresse et d'affection pour lui**"

"igaz, nem érzem iránta a vonzalom gyengédségét"
"mais je trouve que j'éprouve la plus grande gratitude envers lui"
"de úgy látom, a legnagyobb hálám érte"
"et j'ai la plus haute estime pour lui"
"És a legnagyobbra becsülöm őt"
"et il est mon meilleur ami"
"és ő a legjobb barátom"
« Je ne le rendrai pas malheureux »
"Nem fogom őt szerencsétlenné tenni"
« Si j'étais si ingrat, je ne me le pardonnerais jamais »
"Ha olyan hálátlan lennék, soha nem bocsátanék meg magamnak"
Belle a posé sa bague sur la table
szépség letette a gyűrűjét az asztalra
et elle est retournée au lit
és újra lefeküdt
à peine était-elle au lit qu'elle s'endormit
alig volt ágyban, mielőtt elaludt
elle s'est réveillée à nouveau le lendemain matin
másnap reggel újra felébredt
et elle était ravie de se retrouver dans le palais de la bête
és nagyon boldog volt, hogy a vadállat palotájában találta magát
elle a mis une de ses plus belles robes pour lui faire plaisir
felvette az egyik legszebb ruháját, hogy a kedvében járjon
et elle attendait patiemment le soir
és türelmesen várta az estét
enfin l' heure tant souhaitée est arrivée
eljött a kívánt óra
L'horloge a sonné neuf heures, mais aucune bête n'est apparue
az óra kilencet ütött, de vadállat nem jelent meg
La belle craignit alors d'avoir été la cause de sa mort
a szépség akkor attól tartott, hogy ő okozta a halálát
elle a couru en pleurant dans tout le palais

sírva rohant körbe a palotában
après l'avoir cherché partout, elle se souvint de son rêve
miután mindenhol kereste őt, eszébe jutott az álma
et elle a couru vers le canal dans le jardin
és a kertben lévő csatornához futott
là elle a trouvé la pauvre bête étendue
ott találta szegény fenevadat kinyújtózva
et elle était sûre de l'avoir tué
és biztos volt benne, hogy ő ölte meg
elle se jeta sur lui sans aucune crainte
minden félelem nélkül rávetette magát
son cœur battait encore
a szíve még mindig dobogott
elle est allée chercher de l'eau au canal
vett egy kis vizet a csatornából
et elle versa l'eau sur sa tête
és a fejére öntötte a vizet
la bête ouvrit les yeux et parla à Belle
a fenevad kinyitotta a szemét, és a szépséghez beszélt
« Tu as oublié ta promesse »
"Elfelejtetted az ígéretedet"
« J'étais tellement navrée de t'avoir perdu »
"Annyira összetört a szívem, hogy elvesztettelek"
« J'ai décidé de me laisser mourir de faim »
"Elhatároztam, hogy kiéheztetem magam"
"mais j'ai le bonheur de te revoir une fois de plus"
"de örülök, hogy még egyszer láthatlak"
"j'ai donc le plaisir de mourir satisfait"
"Szóval az az öröm, hogy elégedetten halok meg"
« Non, chère bête », dit Belle, « tu ne dois pas mourir »
- Nem, drága vadállat - mondta a szépség -, nem szabad meghalnod.
« Vis pour être mon mari »
"Élj, hogy a férjem legyél"
"à partir de maintenant je te donne ma main"
"E pillanattól fogva a kezem nyújtom neked"

"et je jure de n'être que le tien"
"És esküszöm, hogy nem leszek más, csak a tiéd"
« Hélas ! Je pensais n'avoir que de l'amitié pour toi »
"Jaj! Azt hittem, csak barátságom van veled"
« mais la douleur que je ressens maintenant m'en convainc » ;
"de a bánat, amit most érzek, meggyőz;
"Je ne peux pas vivre sans toi"
"Nem tudok nélküled élni"
Belle avait à peine prononcé ces mots lorsqu'elle vit une lumière
A szépség aligha mondta ezeket a szavakat, amikor fényt látott
le palais scintillait de lumière
a palota fényben szikrázott
des feux d'artifice ont illuminé le ciel
tűzijáték világította meg az eget
et l'air rempli de musique
és a levegő megtelt zenével
tout annonçait un grand événement
minden valami nagyszerű eseményről adott hírt
mais rien ne pouvait retenir son attention
de semmi sem tudta lekötni a figyelmét
elle s'est tournée vers sa chère bête
– fordult kedves vadállatához
la bête pour laquelle elle tremblait de peur
a fenevad, akiért remegett a félelemtől
mais sa surprise fut grande face à ce qu'elle vit !
de a meglepetése nagy volt a látottakon!
la bête avait disparu
a vadállat eltűnt
Au lieu de cela, elle a vu le plus beau prince
ehelyett a legkedvesebb herceget látta
elle avait mis fin au sort
véget vetett a varázslatnak
un sort sous lequel il ressemblait à une bête

egy varázslat, amely alatt vadállatra hasonlított
ce prince était digne de toute son attention
ez a herceg méltó volt minden figyelmére
mais elle ne pouvait s'empêcher de demander où était la bête
de nem tehetett róla, hogy megkérdezte, hol van a fenevad
« **Vous le voyez à vos pieds », dit le prince**
– Látod őt a lábadnál – mondta a herceg
« **Une méchante fée m'avait condamné** »
"Egy gonosz tündér elítélt engem"
« **Je devais rester dans cette forme jusqu'à ce qu'une belle princesse accepte de m'épouser** »
"Ebben a formában kellett maradnom, amíg egy gyönyörű hercegnő bele nem egyezik hozzám."
"**la fée a caché ma compréhension**"
"a tündér elrejtette az értelmemet"
« **tu étais le seul assez généreux pour être charmé par la bonté de mon caractère** »
"Te voltál az egyetlen elég nagylelkű ahhoz, hogy elbűvölje az indulatom jósága"
Belle était agréablement surprise
– lepődött meg boldogan szépség
et elle donna sa main au charmant prince
és kezet nyújtott a bájos hercegnek
ils sont allés ensemble au château
együtt mentek be a kastélyba
et Belle fut ravie de retrouver son père au château
és a szépség rendkívül boldog volt, amikor apját a kastélyban találta
et toute sa famille était là aussi
és az egész családja is ott volt
même la belle dame qui lui était apparue dans son rêve était là
még az álmában megjelent gyönyörű hölgy is ott volt
"**Belle**", **dit la dame du rêve**
– szépség – mondta a hölgy az álomból
« **viens et reçois ta récompense** »

"gyere és vedd át a jutalmad"
« Vous avez préféré la vertu à l'esprit ou à l'apparence »
"Ön az erényt részesíti előnyben, mint az esze vagy a megjelenése"
"et tu mérites quelqu'un chez qui ces qualités sont réunies"
"és megérdemelsz valakit, akiben ezek a tulajdonságok egyesülnek"
"tu vas être une grande reine"
"nagy királynő leszel"
« J'espère que le trône ne diminuera pas votre vertu »
"Remélem, a trón nem csökkenti az erényedet"
puis la fée se tourna vers les deux sœurs
majd a tündér a két nővér felé fordult
« J'ai vu à l'intérieur de vos cœurs »
"Láttam a szívetekben"
"et je connais toute la méchanceté que contiennent vos cœurs"
"És tudom, hogy a szíved minden rosszindulatot tartalmaz"
« Vous deux deviendrez des statues »
"ti ketten szobrok lesztek"
"mais vous garderez votre esprit"
"de megtartod az eszed"
« Tu te tiendras aux portes du palais de ta sœur »
"A húgod palotájának kapujában állsz"
"Le bonheur de ta sœur sera ta punition"
"A nővéred boldogsága a te büntetésed lesz"
« vous ne pourrez pas revenir à vos anciens états »
"nem fog tudni visszatérni korábbi állapotaiba"
« à moins que vous n'admettiez tous les deux vos fautes »
"hacsak mindketten elismeritek a hibáitokat"
"mais je prévois que vous resterez toujours des statues"
"de előre látom, hogy mindig szobrok maradsz"
« L'orgueil, la colère, la gourmandise et l'oisiveté sont parfois vaincus »
"A büszkeség, a harag, a falánkság és a tétlenség néha legyőzhető"

" mais la conversion des esprits envieux et malveillants sont des miracles "
" de az irigy és rosszindulatú elmék megtérése csodák"
immédiatement la fée donna un coup de baguette
a tündér azonnal ütést adott a pálcájával
et en un instant tous ceux qui étaient dans la salle furent transportés
és egy pillanat alatt mindazokat, akik a teremben voltak, elszállították
ils étaient entrés dans les domaines du prince
a herceg uradalmába mentek
les sujets du prince l'ont reçu avec joie
a herceg alattvalói örömmel fogadták
le prêtre a épousé Belle et la bête
a pap feleségül vette a szépséget és a fenevadat
et il a vécu avec elle de nombreuses années
és sok évig élt vele
et leur bonheur était complet
és boldogságuk teljes volt
parce que leur bonheur était fondé sur la vertu
mert boldogságukat az erényre alapozták

La fin
A Vég

www.tranzlaty.com

www.ingramcontent.com/pod-product-compliance
Lightning Source LLC
Chambersburg PA
CBHW011556070526
44585CB00023B/2621